籐の野菜・果実　〜かごを添えて〜

尾上みち子

明窓出版

はじめに

籐で、野菜や果物を作りました。茎や芯にかずらも少し使いました。
添えておりますかごは、かずらや籐で編み上げたオリジナルの作品です。

着色は、筆で絵具を塗ったり、しあがってから染めたりしました。
お部屋のインテリアとしてはもちろんのこと、ふたつきのりんご、かぼちゃ、グレープフルーツ、なすびなどは、かご（入れ物）としても使えるでしょう。
細い籐でひとつひとつ丁寧に編み上げています。

編む時の少しの手かげんと着色の仕方の違いで、小芋になり、じゃがいもになり、レモンになり、トマトになり、柿になり……、次から次へと、かわいい仲間達が出来上がりました。

作り上げた嬉しさと楽しさは、なにものにもかえ難いものです。
また、作品を観ているだけで自然素材の温もりが感じられ、癒されます。

美味しそうなベジタブルやフルーツをご覧ください。
思わずさわってみたくなるでしょう。
そして、作ってくださいませ。
たいした道具も使わず少しの材料があれば、ひとつができあがります。
季節ごとに記載いたしましたが、今はあまり季節に関係なく、入手できる野菜、果物が多くなりました。

作品の製作に、ご協力いただいた会員の皆様、カメラマンの佐藤様、目次イラストの澤田様、及び出版社の麻生様に、厚くお礼申しあげます。
このようなすてきな本になりました事に感謝の言葉もございません。

    2006年　春

              尾上　みち子

目　次

はじめに　　　　　　　　　　　3

基礎編み　　　　　　　　　　　6

春
たまねぎ　　　　　　　　　　10
えんどう豆　　　　　　　　　11
アスパラ　　　　　　　　　　12
かいわれ　　　　　　　　　　13
キャベツ　　　　　　　　　　14
いちご　　　　　　　　　　　15
グレープフルーツ　　　　　　16
パインナップル　　　　　　　17
さくらんぼ　　　　　　　　　18
バナナ　　　　　　　　　　　19

夏
きゅうり　　　　　　　　　　20
パプリカ　　　　　　　　　　21
プチトマト　　　　　　　　　22
なすび　　　　　　　　　　　23
万願寺とうがらし　　　　　　24
とうもろこし　　　　　　　　25
ほおずき　　　　　　　　　　26
かぼちゃ　　　　　　　　　　27
じゃがいも　　　　　　　　　28
すいか　　　　　　　　　　　29
メロン　　　　　　　　　　　30

秋

マッシュルーム	31
里芋	32
にんじん	33
さつまいも	34
しいたけ	35
柿	36
栗	37
ぶどう	38

冬

白ねぎ	39
カリフラワー	40
ごぼう	41
かぶら	42
レモン	43
ほうれん草	44
大根	45
みかん	46
りんご	47

活動歴・教室案内	48

〜基礎編み〜

野菜や果物には、細い籐の方が編みやすいです。
編み始めは十字組みが主ですが、大き目の作品には、米字組みや井桁組みでたて芯を固定し、編んでゆきます。底が小さくてすぐに立ち上げる場合は、根じめをします。たて芯は、ほとんどの作品は1本どりですが、大き目の作品は2本どりにします。

十字組み

たて芯1本どり　　　　　たて芯2本どり

編み方は、ざる編み、折り返し編みなどで形を作りあげます。たて芯の間隔が狭くなった時は、2本ざる編み（たて芯が2組）をします。

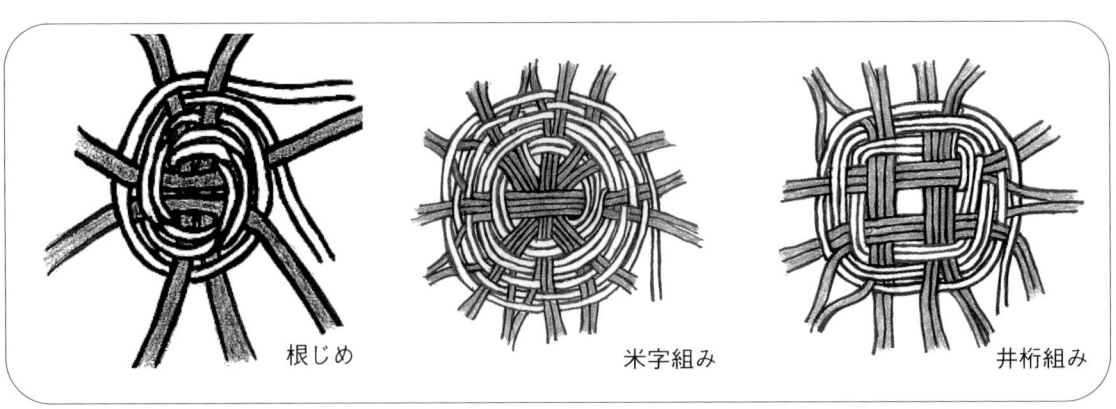

根じめ　　　　米字組み　　　　井桁組み

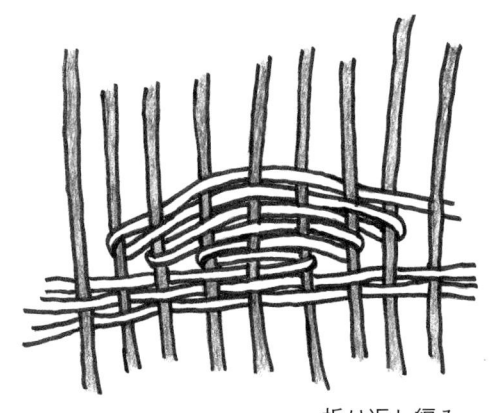

折り返し編みは、じゃがいも、バナナ、きゅうり、キャベツ、万願寺とうがらし、くり、ピーマンのカーブ（曲線部分）を表現するときに使います。

折り返し編み

たまむすびは、ぶどう、えんどう豆、ほおずきに使います。

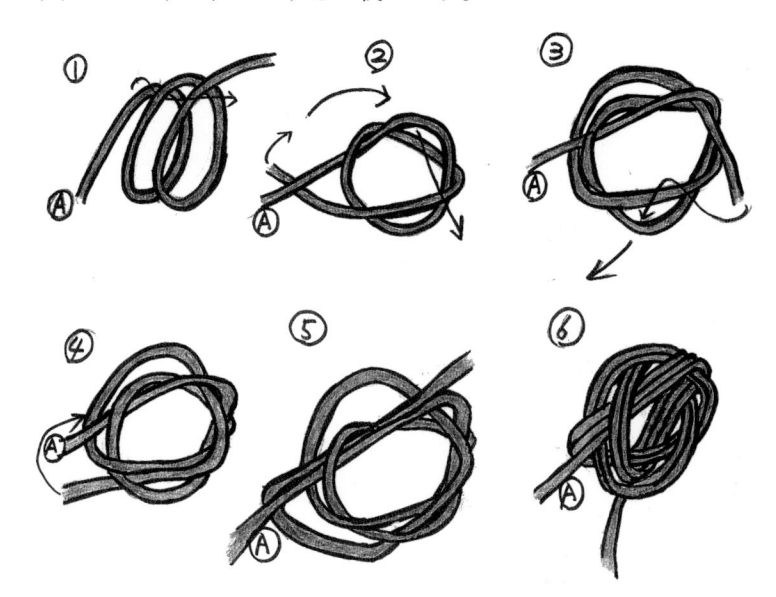

結び目は、カリフラワー、かいわれの芽、きゅうりのいぼをつくります。

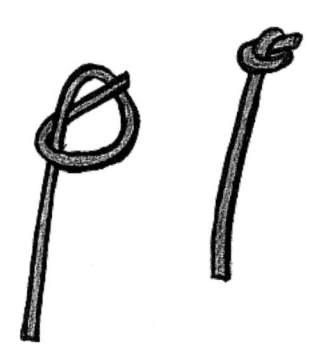

いちご編みは、いちごやアスパラになります。

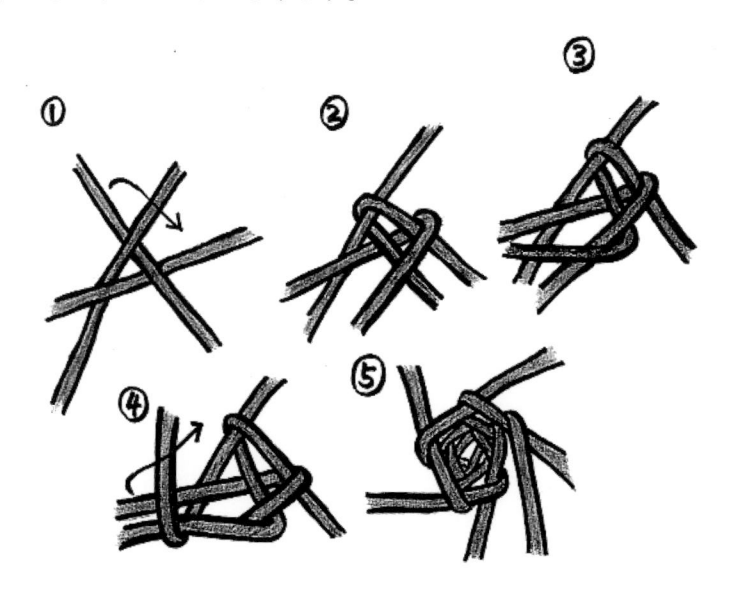

みだれ編みは、メロン、切ったすいか、ほおずきに使います。

かけ編みで、パイナップルになります。

木の葉編みは、かいわれ、えんどう豆、かぶら、ほうれん草、キャベツ、カリフラワー、みかんの葉、ぶどうの葉、栗の葉、パイナップルの葉、いちごの葉になります。

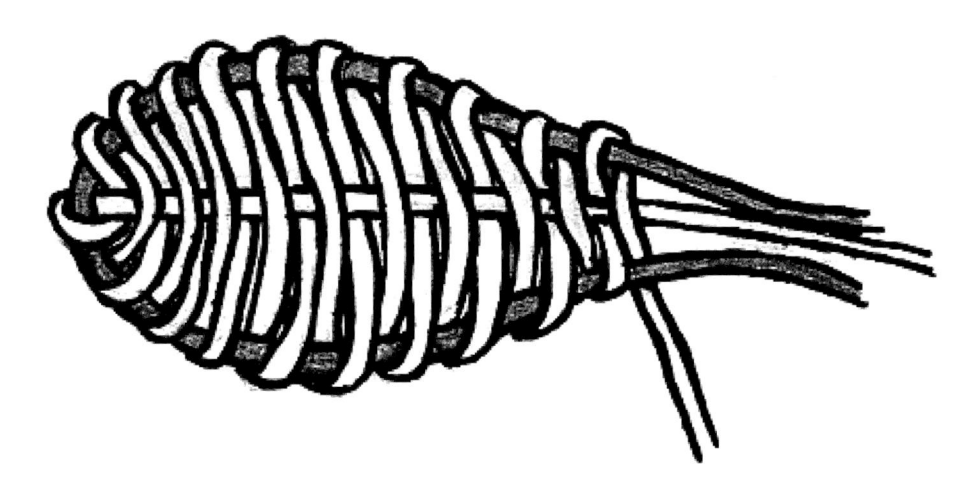

植えつけ編みは、りんごやかぼちゃのふたを編む時にします。

と　　　　　になります

縁の始末は、内高縄止め、内返し止め、外返し止めです。

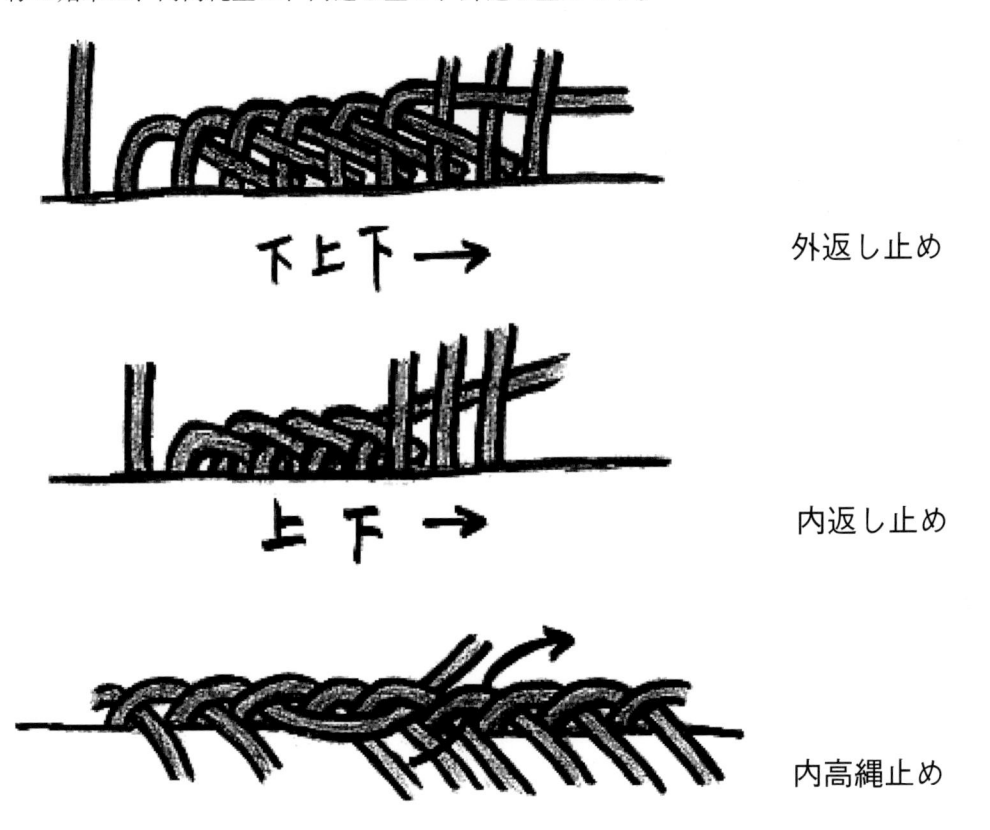

下上下→　　　　外返し止め

上下→　　　　内返し止め

内高縄止め

りんごやかぼちゃは、途中で分割して、なすびは、額をつけて、グレープフルーツは、半分に切った部分の断面が蓋になっております。何かの入れ物にもなるでしょう。

編み上げた作品に色をつけましょう。着色は自由に楽しんでください。世界にひとつの野菜や果実なのです。絵具を使って塗ります。（水の量は多目にしましょう。籐の素材が生きてきます）
染色液に漬けてもよいでしょう。時には籐の色を残しておいてもいいのです。また、材料を編む前に、染めておいてもよいでしょう。
編み方の説明で着色の部分は省いております。みなさんが好きな様に色をつけてください。
写真の下にひとこと、制作者のコメントを入れております。

春

たまねぎ

「今にも、新芽が出てきそうです」

材料 ： 丸芯 2.0mm　　本晒(ほんざらし) 1.5mm　少し
　　　　　たて芯 45cm／6本　　編み芯 40g

作り方
① たて芯3本、3本を、十字に組み、1本どりで、直径7cmほど編み、たて芯を立ち上げて、外側に少し開く様に、高さ2cm編む。
② 内側に入れながら高さ7cm編み、口が小さくなるように編み進み、2本ざる編みを2.5cm編む。
③ たて芯を切りながら、下上下と、かけて止める。
④ 本晒を5本結んで根にする。

＊＊＊平かご＊＊＊　　材料：つづらふじ、あけび

えんどう豆

製作：森川幸子　堀内照子

「まめは小さく作り、本物に近い色合わせが決めてです」

中の豆の大きさは、大、中、小と差があります。

材料　：　　丸芯　2.0mm
　　　　　　サヤ　　たて芯　25cm／2本　　　編み芯　20g
　　　　　　豆　　100cm／1本

作り方
① たて芯2本を輪にし、木の葉編みをする。
② たまむすびを、直径1cmくらいに編む。大きさをかえて4個作る。
③ サヤにたまむすびを入れてできあがりです。

＊＊＊お皿＊＊＊　　　材料：籐（茶芯）、ミモザの枝

アスパラ

「このアスパラは、ホワイトアスパラか、グリーンアスパラか、チュウカンアスパラです」

色のつけ具合でホワイトアスパラやグリーンアスパラになります。

材料 ： 本晒　1.5mm
　　　　　 たて芯　60cm／6本　　編み芯　20g

作り方
① たて芯2本ずつで三角形におき、いちご編み4段編む。
② たて芯をひとつにまとめて、丸芯5mmを中にいれ、木工用ボンドでたて芯を固定する。（茎になる）
③ 編み芯2本を輪にし、ひだの様に5ヶ所ほどを茎にところどころ木工用ボンドではりつける。

＊＊＊かご＊＊＊　　材料：山ぶどうの皮

かいわれ

製作： 渡部雅子

「実際に手に取り観察してみると、想像以上に可愛らしい野菜です」

柔らかい編み芯で.製作します。

材料 ： 本晒　1.0mm
　　　　　たて芯　1本で55cm

作り方
① 約7cmの芯の中央に長い編み芯を3回折り返す。（木の葉編み）
② 中央の芯を引っ張りハート型に形成し、余った右左の芯で結びとめる。
③ 同じ編み方で、短いのを1個編む。
④ 2本を茎の部分として、短い方は斜めに切り、接着する。
⑤ 長い方で茎の下部分は、ひと結びし、結び目の下を裂いて根にする。

＊＊＊お皿＊＊＊　　　材料：籐

キャベツ

「外側の部分をたくさん編んで、互い違いに重ねることで、もっと大きなキャベツになります」

外側の部分2枚、中心、間の葉4枚を、それぞれに濃淡をつけて着色しておく。
中心の部分のまわりに葉を4枚囲む。さらに、外側の部分2枚で囲み入れる。

材料 ： 　　丸芯　2.0mm　　　編み芯　　130g（全体）
　　　　　　外側（2個）　　たて芯　60cm／10本　　　50cm／10本
　　　　　　中心の部分　　　たて芯　35cm／7本
　　　　　　葉の部分　　外側たて芯15cmの木の葉編み　4枚

作り方
① 外側の部分は、たて芯5本、5本を、十字に組み、1本どりで直径10cm編み、たて芯を立ちあげる。
② 5cm外開きに編み、折り返し編みを3ヶ所（2、4、6）入れる。
③ 縁は、内返し止めをする。もう1枚も同じように編む。
④ 中心の部分は、たて芯3本、4本を、十字に組み、1本どりで直径5cm編み、立ち上がり高さ
　　2cm編み内側に入れていく。深さ4cmほどで、口は小さくなる。内返し止めをする。
⑤ 葉は、木の葉編みで、4枚つくる。
⑥ ④のまわりに⑤の葉を、互い違いに囲む様におき、外側の2枚の中に入れる。

いちご

製作： 宮内靖子

「あっという間に、かわいいいちごができあがりました」

材料 ： 　本晒　1.5mm
　　　　　たて芯　70cm／3本　　編み芯　5ｇ

作り方
① たて芯3本を、かたちを作りながらいちご編みをする。
② がくは、間を少しあけて、下上下と止める。

＊＊＊トレー＊＊＊　　材料：へくそかずら、すいかずら、桜の枝

グレープフルーツ

「ルビーのグレープフルーツです」

ふたを固定しないで、ふたつきのカゴとしても使えます。（半分の部分）

材料　：　　丸芯　2.0mm　　　編み芯　80g（全体の分量）
　　　　　　全体　　たて芯　60cm／7本
　　　　　　半分　　たて芯　30cm／7本
　　　　　　断面（ふた）　たて芯　20cm／9本

作り方
① 全体の方は、たて芯3本、4本を十字に組み1本どりで直径6cm編む。
② たて芯を立ち上げ、少し外開きで高さ5cm編み、後は内側に入れながら編む。
③ 口が7cmになったら2本ざる編みにする。
⑤ 口が3.5cmまで編み、下上下とたて芯を止める。
⑥ 半分の方は、全体と同じように始めて、高さ5cm編み、たて芯を内返し止めにして、1.5cm残して切る。
⑦ ふたの部分は、たて芯4本、5本を十字に組み、2本どりで直径10cm編む。この時の編み芯は、着色してあるもの（ピンク）を使う。
⑧ 縁は、たて芯を1.5cm残し、お互いに入れあう。

パイナップル

製作： 吉坂千恵子

「配色を工夫しましょう」

葉は束にして中央に入れる。

材料 ： 丸芯　2.5mm
　　　　　たて芯　70cm／15本　　編み芯　150g

作り方
① たて芯を米字に組み、直径10cm編む。
② たて芯を立ててかけ編みを15cmほど編む。（途中、丸みを入れながら）開口は5cmほどになるように3本縄編みを3段編む。
③ 縁は、内高縄止めをする。内側のたて芯は1.5mm残し切る。
④ 葉をつくる。木の葉編みで6枚ほどつくる。編み芯を折り曲げて10枚ほど葉の形にする。これらを、口の中とまわりにとりつける。

＊＊＊手つき楕円かご＊＊＊　　　材料：籐

さくらんぼ

製作： 岡田仲子

「枝にピンをつけると、かわいいブローチになります」

実が動くのが、ポイントです。2つの実は直径3〜4mmのかずら（あけび）を枝にしてとりつけます。

材料 ： 丸芯　1.5mm　編み芯　10g（全体）　ワイヤー（＃30）1本　フローラテープ
　　　　くき　　たて芯　19cm／1本（2.0mm）
　　　　実　　　たて芯　11cm／4本（1.5mm）
　　　　葉　　　たて芯　12cm／1本（1.5mm）

作り方
① くき（軸）を半分に折り曲げ、両端に大き目の結び目を作っておく。
② 実は、たて芯2本、2本を十字に組み、たて芯1本どりで1.5cmほど編む。
③ たて芯を立て丸みがつくように編み、最後の1〜2周はすぼめる。
④ 内返しで止める。最後のたて芯1本を止める前に、①のくきの結び目をさし込んでとじる。
⑤ 葉は木の葉に編み、編み終わりはたて芯どうしを結び、切りそろえる。
⑥ 実のくきの折り曲げた所と、葉のくきを枝にワイヤーで固定する。
⑦ ワイヤーを隠すようにフローラテープを巻く。

＊＊＊かご＊＊＊　　　材料：籐

バナナ

「どのバナナを、ちぎって食べようかな」

ひと房になっていますが、下2本と、上3本の形(カーブ)は、異なります。

材料 ：　　丸芯　2.0mm
　　　　　　たて芯　50cm／5本　　　編み芯　150g（ひと房）

作り方
① たて芯2本、3本を十字に組み、根じめにする。編み芯1本切り、たて芯を2本どりで編む。
② 2cmほど編み、たて芯を立ち上げて高さ5cmで、2、4、6と、折り返し編みをする。
③ カーブを、出しながら15cm編む。口は小さくなっています。
④ バナナ5本を、同じように編む。下3本、上2本におきひとつの房にする。外側のたて芯12本を1本どりで3cm編む
⑤ 3本縄編み1周のち上下ととめる。たて芯を、5mmのこして切りそろえる。

夏

きゅうり

「いぼいぼで、よりきゅうりらしくなります」

着色の時は、濃淡をつけることが大切です。

材料 ： 丸芯　2.0mm
たて芯　50cm／4本　　　編み芯　35g

作り方
① たて芯2本と2本を十字に組み、ねじめをする。
② たて芯を1本5mmのこし切り、2cm編む。
③ たて芯を立ち上げ20cm編む。途中、2、4、と折り返し編みを、1回～2回入れる。
④ 縁は、たて芯を、上下（内返し止め）と1.5cmの幅をだしながら止める。
⑤ いぼいぼになる結び目を30個ほど作り、ボンドではりつける。

パプリカ

製作： 合田叔子

「こんな甘いピーマンがあるなんて知らなかった。それはピーマンではなく、パプリカだったのです」

材料 ： 丸芯 2.0mm
たて芯 45cm／5本　　編み芯 35ｇ

作り方
① たて芯2本と3本を十字に組み、1本どりで直径5cm編む。
② たて芯を立てて、途中2、4、と折り返しを入れ高さ5cm編む。
③ 3ヶ所に折り返し編み（1、3、5）をし、山をつくる。
④ たて芯を内側に押さえ込みながら2cmほど編む。
⑤ 縁は、下上下と外返し止めをする。
⑥ 柄をボンドでつける。

＊＊＊お皿＊＊＊　　材料：籐（半芯）、ミモザの枝

プチトマト

製作： 中浜由紀子

「丸くかわいく編みましょう」

材料 ： 丸芯 2.0mm
たて芯 25cm／5本　　編み芯 20g

作り方
① たて芯2本、3本を、十字に組み1本どりで、直径3cm編み、たて芯を立ち上げる。
② 高さ1.5cmは少し外に開くように編み、後はたて芯を内側にいれる。
③ 高さ3cmくらいで、編み芯をたて芯の下で5mm残して切る。
④ がくは、たて芯を1本ごとに4本切り、残りの5本で下上下と止める。
　この場合の上の時は、外側に1cm出し、たて芯を折り曲げる。

＊＊＊手つきかご＊＊＊　　材料：籐

なすび

製作： 前田典子

「浅漬けのあの色彩……食欲がでます」

本体は、丸みがでるようにします。

材料　：　　丸芯　2.0mm　　　編み芯　60g（全体）
　　　　　　本体　　たて芯　38cm／6本
　　　　　　額　　　たて芯　18cm／6本

作り方

① 本体は、たて芯3本、3本を、十字に組み、たて芯1本どりで直径4cm編み立ちあげる。折り返し編みを、2回ほどしながら丸みをつける。
② たて芯8cmくらいのところからたて芯の3ヶ所に、2本どりで編む。
③ 縁は、内返しどめをする。
④ 額は本体と同様に、直径4cm編み立ち上げ、丸みをつけながら表目4、5段編む。
⑤ たて芯を3ヶ所に分け、折り返し編みで木の葉の様に大・小と作る。
⑥ 軸を作る。

万願寺とうがらし

製作： 高橋恒子

「とうがらしの先を、じょじょに細くしていきます」

折り返し編みを、細かく入れてカーブをだします。

材料 ： 本晒　1.5mm
　　　　　たて芯　35cm／4本　　　編み芯　10g

作り方
① たて芯2本、2本を、十字に組み、根じめで2周する。
② 編み芯1本切り、たて芯も1本切り1本どりで直径2cm編み、たて芯を立ち上げて厚みを考えながら形をつくる。（折り返し編みを入れながら）

＊＊＊みだれ編みのお皿＊＊＊　　　材料：あけび、あおつづらふじ、ていかかずら

とうもろこし

製作： 前田典子

「一粒、一粒、丁寧にはってください」

実に、5.0mmの丸芯をはるとつぶが大きくなり数が少なくなる。

材料 ： 丸芯　2.0mm・4.0mm／6m　　編み芯130ｇ　　和紙　　麻ひも
　　　　　本体　たて芯　55cm／5本
　　　　　外皮　たて芯　100cm／5本

作り方

① 本体は、たて芯2本、3本を、十字に組み、1本どりで2cmほど編み、たて芯を立ち上げ、高さ3cm編む。
② たて芯を、1本加えて22cmまで編む。
③ 編み芯で、2、3回巻き止めし、たて芯1cmの残す。
④ 頭のたて芯を隠しながら和紙をはる。
⑤ 麻ひもをほぐし、巻き止めの部分より少し下からのりづけし、自然に整える。
⑥ 0.7〜1cmくらいに切った丸芯4.0mmを行儀よくひとつずつはる。
⑦ 外皮は、たて芯2本、3本を、十字に組み、1本どりで4cm編み、立ち上げて高さ4cm編む。2つに分け、本体が入るように編む。

＊＊＊平かご＊＊＊　　材料：つづらふじ、あけび

ほうずき

製作： 佐藤達子

「編み芯がとても柔らかいので、みだれ編みをする時、形を整えながら編みます」

中の実になるたまむすびを先に作っておく。

材料： 本晒 1.5mm
たて芯 20〜30cm／5本

作り方
① たて芯3本、2本を十字に組み、2本どりで直径2cmくらい編む。
② 別に作ったたまむすびを中心にとりつける。
③ たて芯をまとめ、端を別の編み芯で2〜3回巻いてまとめる。
④ ①の編み芯を使い、みだれ編みをする。
⑤ 小枝に編み芯で結びつける。

＊＊＊お皿＊＊＊　　材料：籐（茶芯）、桜の枝

かぼちゃ

「ふた付きかぼちゃのできあがりです」

本体と蓋が一致するところを、着色の時に1ヶ所つくります。

材料 ： 丸芯　2.5mm　100g（全体）
　　　　　本体　　たて芯　60cm／8本
　　　　　ふた(柄)　たて芯　40cm／4本

作り方
① 本体は、たて芯4本と4本を、十字に組み1本どりで直径8cm編む。
② たて芯を立ち上げ外に広げながら7cm編み、後は内側にいれていく。
③ 巻き込むように編みすすみ口が、3cmになれば外返し止めをする。
④ ふたは、たて芯を中心で折り曲げて、植え付け編みをする。
⑤ 2本縄編みを10段する。たて芯を外側に開いて、2本ざる編みを3周し、たて芯1本どりで6cm編む。
⑥ たて芯を内返して、2本縄編みを2段する。
⑦ 縁は、内返し止めをする。

＊＊＊かご＊＊＊　　　材料：つづらふじ

じゃがいも

「新じゃがです」

着色の時、芽も忘れずに入れます。

材料 ： 丸芯　2.0mm
　　　　　たて芯　35cm／5本　　　編み芯　30g

作り方
① たて芯2本、3本を、十字に組み、1本どりで直径4cmほど編む。
② たて芯を立てて、3cmほど編み2、4と折り返しを入れ、高さ8cmで口を出来るだけ小さくなるようにして、内高縄止めで止める。

＊＊＊お花のお皿＊＊＊　　　材料：つづらふじ

すいか

「種がアクセントになります。甘いです」

舟形のすいかは、折り返し編みと乱れ編みでできあがります。

材料： 　丸芯　2.5mm　　　丸芯　4.0mm　20cm／1本（茎）
　　　　全体　たて芯　75cm／15本　　　編み芯　150g

作り方
① たて芯15本を、米字に組み、2本どりで直径13cm編む。
② たて芯を立ち上げて外に開く様に、高さ8cmほど編み、さらに内側に入れながら10cm編む。
③ 口は、小さくなるように編み、たて芯を内返しに止める。
④ 茎をボンドでとりつける。

メロン

製作： 岡本弘美

「おいしいメロンが出来あがりましたよ。糖度12〜15度かな？」

材料 ： 丸芯　2.5mm　　編み芯　100g　　丸芯　5.0mm／30cm

作り方

① みだれ編みで、直径20〜25cmの球にかたち作る。（編み芯で、直径20〜25cmを2〜3周した輪を2個作り針金で固定します。別の芯で側面を囲むように2つの輪に上下上……と空間を埋める様に繰り返し編む。へこんだり飛び出たところがないように気をつけながら丸くしあげます。
② 丸芯で、中心に茎としてとりつける。
③ 着色の後、ところどころ白くうきでるように、少しみだれ編みをする。

秋

マッシュルーム

「コロコロとかわいいです」

しいたけと同様に、かさと柄を別々に編み、固定します。着色の必要がありません。

材料 ： 本晒 1.5mm／20g（全体）
　　　　かさ　たて芯　18cm／5本
　　　　柄　　たて芯　15cm／4本

作り方
① かさは、たて芯2本、3本を十字に組み、1本どりで直径3cm編む。
② たて芯を立ち上げて3cm編み、内側に巻きこむように編み、下上下と、外返し止めをする。
③ 柄は、たて芯2本と2本を十字に組み、2本縄編みで根じめをする。
④ 直径2.5cmで、たて芯を、立てる。
⑤ たて芯1本どりで、2本縄編みを4.5cm編む。
⑥ たて芯5本を、かさにさし込みとめる。

＊＊＊手つき木の葉皿＊＊＊　　　材料：つづらふじ

里芋

製作： 岡田仲子

「形が不揃いなほど、本物に似てきます」

材料 ： 丸芯 2.0mm
たて芯 20〜30cm／4本　編み芯 5g

作り方
① たて芯2本と2本を十字に組み、1本どりで直径3cm編む。
② たて芯を立ち上げ、途中膨らませて編み、次第に径を小さくする。
③ 高さ5cm編み、外返しで止める。

＊＊＊かご＊＊＊　　材料：籐、つづらふじ

にんじん

「カレーに入ってないと、色合いがしまりません」

カーブを出したいときは、折り返し編みをいれる。

材料 ： 丸芯　2.5m
　　　　　たて芯　45cm／5本　　　編み芯　60g

作り方
① たて芯2本、3本を十字に組み、1本どりで、直径3cmほど編む。
② たて芯を立ち上げて、内側に少し入るように、編む。
③ 先の方（5cmくらい）は、2本ざる編みにする。（たて芯の間隔が狭くなるので）
④ たて芯の下で編み芯を切り、たて芯は1.5cmのこし、ななめに切りそろえる。

＊＊＊トレー＊＊＊　　　材料：つづらふじ、ミモザの枝

さつまいも

「栄養一杯です。たくさん食べましょう」

ひげ根を、忘れずにつけてください。

材料　：　　丸芯　2.5mm　　　本晒　1.5mm／少し
　　　　　　たて芯　60cm／5本　　編み芯　40g

作り方
① たて芯3本、2本を十字に組み、2本縄編みを2周する。（根じめ）
② たて芯を1本切り、1本どりでざる編み1周のち、たて芯を立てて高さ10cmほど編む。（途中でふくらみをもたせながら）
③ たて芯をすぼめていく。2本ざる編みで編み進み、口が1cmほどになったら、編み芯は前周の編み目にさし込み切る。
④ たて芯3本は2cm残して切り、他の2本で縄編みをして根にする。
⑤ 本晒を10～20cm切り、ところどころたて芯にさしこんでひげ根をつける。

しいたけ

「かさの厚みを出せば、まったけになります」

かさと柄は、別々に編みとりつける。

材料 ： 丸芯　2.0mm　　編み芯　30g（全体）
　　　　　かさ　　たて芯　30cm／6本
　　　　　柄　　　たて芯　15cm／4本

作り方
①かさは、たて芯3本と3本を十字に組み、1本どりで直径7cm編み、たて芯を立ち上げ3cm編む。
②縁は内高縄止めをする。
③柄は、たて芯2本と2本を十字に組み、根じめにする。
④たて芯1本切り、ざる編み2cm後、たて芯を立ち上げて高さ8cm編む。
⑤柄の立て芯を4本残してかさにさし込み、とりつける。

＊＊＊木の葉のお皿＊＊＊　　　材料：つづらふじ、ミモザの枝

柿

製作： 植松昌子

「色は、柿渋で染め、、本物に近いイメージでしあげました」

材料 ： 丸芯 2.0mm
たて芯 30cm／6本 編み芯 30g

作り方
① たて芯3本と3本を十字に組み、1本どりでざる編みする。
② 底を編み、立ち上がり、ふくらみを作りながら、口を小さくする。
③ 縁は、外返し止めをする。
④ へたをボンドでとりつける。

＊＊＊平かご＊＊＊　　材料：籐

栗

製作： 上森希枝子

「イガの裂け目がはじけた様を出すのがポイント。
包丁で切れ目を入れ、グリルで焼くと香ばしい焼き栗の出来上がり！」

栗に石を入れ、重石に使える様にしました。

材料 ： 　　丸芯　1.5mm　　　編み芯　100g（全体）
　　　　　　栗　たて芯　16cm／6本　イガ　たて芯　30cm／8本　葉　たて芯　20cm／1本

作り方

① 栗は、たて芯3本、3本を十字に組み、2本ざる編みで2周し、たて芯1本を切り、1本どりで1周する。
② 右左と1回ずつ折り返し編み後、たて芯を立ち上げ、高さ2cm編む。
③ 内側へ入れ、たて芯4本を切りながら縄編みですぼめる。
④ イガは、たて芯4本、4本を十字に組み、たて芯1本どりで、直径9cm、高さ3.5cm編む。
⑤ 内側に入れながら高さ6cmで、3～4ヶ所に折り返し編みを2cm編み、止める。（裂け目を作る）
⑥ ⑤の全体に、編み芯が、2.5cm外に出るように刺していく。はさみで切り目を入れ2本に裂く。
⑦ 葉は、V字にそった形になるように編み、添える。

＊＊＊だ円かご＊＊＊　　　材料：籐

ぶどう

製作： 金丸明子

「たくさんの実を作るのに、根気のいる仕事ですが、テレビを見ながら、ホラ、出来上がり！！」

実の部分は、ひとつずつ着色してからひと房にする。たまむすびの数が増えると、房が大きくなる。

材料 ： 丸芯　2〜2.5mm　　編み芯　100g
実　たて芯　150cm（たまむすびひとつ分）
葉　たて芯　35cm／2本　　さし芯　8cm／2本

作り方
① 4〜5周のたまむすび（編み始めは10cmほど出しておく）を、20〜25個つくる。ひとつずつ着色する。
② 巻きひげ用として、編み芯を棒に巻き、かるく焼いて型をつける。
③ フローラテープで、3〜4個ずつ巻いてとめる。
④ 房の形を考えながら、②でできたひげも加えて巻いて行く。
⑤ 葉は、さし芯を2本しながら山を3コ作るように木の葉編みをします。

＊＊＊かご＊＊＊　　材料：くず、籐

冬

白ねぎ

製作： 増原典子

「ちょっといびつな白ねぎですが、お鍋にどうぞ！」

材料 ： 　　本晒　1.5mm　　　編み芯　60ｇ（全体）
　　　　　　大葉　たて芯　100cm／4本
　　　　　　中葉　たて芯　50cm／4本
　　　　　　小葉　たて芯　40cm／4本

作り方

① 一番大きい葉は、たて芯2本と2本を十字に組み、根じめ2周する。
② たて芯1本切り、ざる編み1周後、2周目から2本ざる編みをする。
③ 長さ28cmまで編み進み、たて芯2本を始末し、残りの5本を、編み芯1本で、6cm折り返し編みをする。
④ 5本のたて芯を輪にし、ざる編み10cm編む。
⑤ 中葉は、大葉にさし込むように、同じ様に少し細く編む。
⑥ 小葉は、たて芯3本と1本で立ち上がり、たて芯1本切り、細く編み中葉にさし込む。
⑦ 根は、④の編みはじめの所に、編み芯5cmを4本通して結ぶ。ウエーブさせる。

＊＊＊お皿＊＊＊　　　材料：籐（茶芯）、桜の枝

カリフラワー

製作： 上田サダ子

「結び目をまとめていくと……、見事にカリフラワー満開」

たて芯1本に、結び目は、1回～3回します。

材料 ： 本晒　1.5mm　　編み芯　110g
　　　　たて芯　20cm／400本
　　　　葉　たて芯　50～60cm　　さし芯　8cm／4本

作り方
① たて芯に結び目をつくる。
② ①を20本くらい白いフローラテープでまとめ、3～4組をひとつにする。
③ ②をまたまとめて、ひと株とする。
④ たて芯50～60cmの木の葉編み（途中さし芯4本する）をし、葉をつくる。
⑤ ④と⑤をまとめて（テープで巻く）、できあがりです。

＊＊＊かご＊＊＊　　材料：あけび

ごぼう

「細く長く編みましょう」

材料 ： 丸芯 2.0mm 半割芯（5.0mm巾） 1cm
たて芯 110cm／5本 編み芯 80g

作り方
① 井桁に立て芯を組み、根じめのち、たて芯1本どりで、直径2.5cmざる編みをする。
② たて芯を立ち上げて、2本ざる編みで内側に入るように50cmほど編みたて芯をななめに切り揃える。
③ 半割芯で4cmほど8本を切り、葉としてボンドでつける。

＊＊＊平かご＊＊＊　　材料：つづらふじ、あけび

かぶら

製作： 岡田伸子

「今、引き抜いたばかりのような、みずみずしいかぶらになりました」

葉を大きく編むことがポイントです。

材料： 丸芯　2.0mm　　　編み芯　220ｇ　　　丸芯　5.0mm　　　ワイヤー
　　　　根　　たて芯　26cm／5本
　　　　葉　　たて芯　40～50cm／3本　　　丸芯　5.0mm／7cm／3本（葉の芯）

作り方

① 根は、たて芯3本、2本を十字に組み、編み芯2cmまげて下上下…と2周する。たて芯1本を5mm残して切る。
② ざる編みで高さ3.5cmまで、じょうご状に編みさらに1cm編み、内側に3～4周のちド上下と止める。
③ 葉は、たて芯3本（両外側に長い芯）で、1.5cm幅の折り返し編みを12cmする。さらに、さし芯をして葉脈をつくり、折り返し編みを続けて、広い葉を3～4枚作る。
④ 丸芯5.0mmのもので、7cmを3本束ねて、これを取り巻く様に、葉3～4枚をワイヤーでしっかり束ねる。（丸芯は、葉の芯にする）
⑤ 1組にした葉を根の中にさし込み、編み芯でとじつける。

＊＊＊トレー＊＊＊　　　材料：ミモザの枝、麻ひも

レモン

「酸っぱいレモンができました。レモンティにどうぞ」

材料 ：　　丸芯　2.0mm　　　丸芯　5.0mm／少し
　　　　　　たて芯　35cm／5本　　編み芯　30g

作り方
① たて芯2本、3本を十字に組み、1本どりで、直径3cm編み立ち上げる。
② 少し外開きに5cmほど編み、その後内側に入れながら編む。
③ 口が2cmほどになったら下上下と止める。
④ 丸芯5.0mmを4mm切り、芯として、ボンドではり付ける。

＊＊＊かご＊＊＊　　　材料：つづらふじ

ほうれん草

製作： 市毛雅美

「オビを付けるとほんものになりました。もりもり食べてポパイの様に強くなりましょう」

葉はたくさん付けます。

材料 ： 丸芯　2.0mm
　　　　　たて芯　60cm／3本（葉1枚分）　　　編み芯　200g

作り方

① 3本のたて芯を5cm〜10cm 3つ編みし、木の葉に編みながら（途中、さし芯をする）葉の形にしていく。外側にギザギザをだすことが大切です。
② 葉は、大、中、小と大きさを変えて、6〜7枚つくる。
③ 中心は、長さ25cm、直径3cmの筒型をざる編みします。
④ ③のまわりに②の葉を取り付けて、束ねてオビを付けできあがりです。

＊＊＊手つきかご＊＊＊　　　材料：つづらふじ

大根

「ふとい大根のできあがり」

材料 ： 本晒 1.5mm 丸芯 5.0mm／550cm
たて芯 90cm／15本 編み芯 100g

作り方
① たて芯を井桁に組み、2本どりで直径7cmざる編みをする。
② たて芯を立ちあげて、2本ざる編みで高さ5cmほどは外に広がる様に編む。
③ その後は、内側に入れながら編みすすみ高さ20cmからたて芯の数を減らして編む。
④ だんだん細くしていき、35cmでたて芯5本になり、2本ざる編みを4cm編み、さしこみとめる。
⑤ たて芯5本はななめに切り揃える。
⑥ 葉として、丸芯5.0mmを5cmに切り、10本を井桁の中心とまわりにボンドをつけてさしこむ。
⑦ 丸芯に木の葉を6枚、ボンドでつける。

＊＊＊かご＊＊＊ 材料：つづらふじ

みかん

製作： 兼原アツ子

「おいしいみかんができあがりました。皮はうすいです」

縁のたて芯の止めは、できる限り口が小さくなるようにする。

材料 ： 丸芯 2.0mm　　かずら少々（枝になる）
　　　　実　たて芯　30cm／5本　　編み芯　30g
　　　　葉　たて芯　12cm／1本

作り方
① たて芯3本と2本で十字に組み、柔らかい編み芯で編んでいく。
② 編み芯を2cm曲げて2周のち、中心を確かめ、たて芯1本を5mm残して切り、2本ざる編みを3周し、たて芯1本どりで直径5cm編む。
③ たて芯を立ち上げて、高さ3cm編み、のち2cmほど内側に入れる。
④ 縁は外返し止めをする（開口が小さくなる様に間をあけて下上下と止める）。
⑤ 木の葉を編み、枝（木の葉つき）をボンドでつける。

＊＊＊かご＊＊＊　　材料：つづらふじ

りんご

「大きな甘いりんごです」

本体とふたにすきまを空けないで、ぴったり一体となる様に編みます。

材料 ： 丸芯 2.0mm　　編み芯　100ｇ（全体）
　　　　　本体　たて芯　50cm／6本　　ふた（柄）　たて芯　35cm／4本

作り方
① 本体は、たて芯3本と3本を十時に組み、直径8cm編む。
② たて芯を立ち上げて、少し外開きで8cm編む。
③ 内側にたて芯を入れて、高さ10cm編む。
④ たて芯を中に押さえ込み、1.5cm編む。
⑤ 縁は、外返し止めをする。たて芯は2cmぐらいで切る
⑥ 蓋は、たて芯を中心で折り、植付け編みをし、2本縄編みを10段する。
⑦ たて芯を濡らし外側に開き、さし芯3本し、2本ざる編みを3周する。
⑧ たて芯1本どりで直径6cm編み、内返しをする。
⑨ 内側に入ったたて芯を、2本縄編みで2周する。縁は、内返しで止める。

＊＊＊小判型トレー＊＊＊　　　材料：籐

尾上みち子（おのえ みちこ）

藤やかずらなどの自然素材による造形を追求し続けている。
物を作り出す感激は、今も変わることなく新たな力となっております。

1980 年	家事の傍ら独学にて藤工芸をはじめる。
1988 年	たまむすび会を発足・主宰する。
1993 年	宝塚手工芸展にて宝塚市長賞を受賞する。
1996 年	「第 11 回日本文化祭」（ハンガリー・ブダペスト）に出展する。
1999 年	朝日放送「ワイドＡＢＣＤＥ～す」にかずら編みで出演する。
2000 年	「淡路花博・ジャパンフローラ 2000」ライトオブジェにて『きのこの演奏会』が準グランプリを受賞する。
2003 年	「フランス・パリ・美の革命展 IN ルーブル」（パリ・ルーブル美術館）にてカルーゼル・デュ・ルーブル・グランプリおよびトリコロール芸術平和賞を受賞する。
2005 年	「アジアにおける日本美術展」（タイ・バンコク）にて優秀賞を受賞する。
2006 年	A.M.S.C. 芸術大華褒章を受賞する。
2009 年	谷崎潤一郎記念館（芦屋市）において「藤・かずら展」を開催する。
2011 年	「美術屋・百兵衛」No.16 兵庫冬号の 138 ページ～ 141 ページに掲載される。
2011 年	「第 17 回 BESETO 美術祭東京展」にて日中韓芸術創造賞を受賞する。
2013 年	「日タイ交流美術展覧会」にてサナムチャンドラ・アートギャラリー賞を受賞する。
2014 年	「日本芸術・選抜美術賞展」（イタリア・グッビオ）にて最高金賞を受賞する。
2015 年	「第 23 回ミレー友好協会展」にて優秀賞を受賞する。
2015 年	「ジャパン・アート・テイスティング・エキスポ」（イタリア・ミラノ）に出展する。
2016 年	「第 24 回ミレー友好協会展」にて神戸市長賞を受賞する。
2016 年	さんちかホール（三宮市）において「第 12 回たまむすび会作品展」を開催する。
2016 年	「第 2 回福岡にアートが集う日」にて理事長賞を受賞する。
2016 年	「ベルリナーリステ 2016」（ドイツ・ベルリン）に出展する。
2016 年	「台北 2016 国際切手展」（台湾）に出展する。
2017 年	「第 22 回日本の美術 全国選抜作家展」（上野の森美術館）に出展する。

現在の活動

藤・かずら工芸 たまむすび会主宰
タイ国立シラパコーン大学アートセンター客員教授
ミレー友好協会委員
オルセー世界芸術遺産認定作家
尾上みち子アートギャラリー ホームページ
http://www.nihonbijutsu-club.com/mo

教室案内

サンケイリビングカルチャー倶楽部・アピアカルチャー教室・大阪産経学園・近鉄文化サロン・よみうり神戸文化センター・JEUGIA カルチャーららぽーと・あじさい講座・北鈴蘭台教室・カルチャープラザ森ノ宮・塚口カルチャーセンター・山崎教室・講師会・ギャラリー M.O.